파브르 곤충기 10

파브르와 손녀 루시의 사마귀 여행

지연리 그림

서양화와 조형 미술을 공부했습니다. 〈꾸뻬 씨의 행복 여행〉〈북극 허풍담〉을 번역했으며 〈유리 갑옷〉〈작은 것들을 위한 시: BTS 노래산문〉 등에 그림을 그렸습니다. 저서로 〈자루 속 세상〉〈걱정 많은 새〉〈자기가 누구인지 모르는 코끼리 이야기〉〈파란심장〉〈작고 아름다운 니체의 철학수업〉〈작고 아름다운 아들러의 행복수업〉〈라무에게 물어봐-본다는 것에 대하여〉가 있습니다. 2004년 정헌 메세나 청년 작가상, 2020년 눈높이아동문학대전 그림책 대상을 수상했습니다.

고수산나 엮음

1988년 샘터사 동화상에 「별이의 우산」이, 1998년 아동문예에 「삽살개 이야기」가 당선되었습니다. 지은 책으로는 〈콩 한 쪽도 나누어요〉〈청소년을 위한 광주 5.18〉〈용돈 지갑에 구멍 났나?〉 등이 있습니다.

Souvenirs Entomologiques
파브르 곤충기 10
파브르와 손녀 루시의 사마귀 여행

Jean Henri Fabre 원작

1판 1쇄 인쇄 2024년 4월 30일 | 1판 1쇄 발행 2024년 5월 15일

엮은이 고수산나 | 그린이 지연리
펴낸이 정중모 | 펴낸곳 열림원어린이 | 등록 1988년 1월 21일(제406-2000-000202호)
편집장 서경진 | 편집 정혜연, 김보라 | 디자인 권순영 | 마케팅 김선규 | 홍보 최은서, 고다희
온라인사업 서명희 | 제작 윤준수 | 관리 고은정, 구지영, 홍수진
주소 경기도 파주시 회동길 152
전화 031-955-0670 | 팩스 031-955-0661 | 홈페이지 www.yolimwon.com
전자우편 bbchild@yolimwon.com
ISBN 978-89-6155-117-5 77400, 978-89-6155-985-0(세트)

어린이제품안전특별법에 의한 제품 표시
제조자명 열림원어린이 | 제조년월 2024년 4월 | 제조국 대한민국 | 사용연령 7세 이상

파브르 곤충기 10

파브르와 손녀 루시의 사마귀 여행

열린원어린이

나는 꿈을 꿀 때,
곤충의 눈을 갖기를 바랐다.
그럴 수 있다면
세상이 얼마나 다를 것인가!

읽기 전에

내가 어렸을 때, 집 앞에서 사마귀를 처음으로 보았습니다. 나와 함께 있던 엄마는 손을 내저어 사마귀를 쫓으려 했습니다. 그때 사마귀가 갑자기 엄마에게 달려들어 손등을 물었습니다. 엄마의 손에서는 피가 흐르고 있었고, 어린 나는 비명을 질렀지요. 그 후로 나는 사마귀는 무서운 곤충이라는 생각을 떨쳐 버릴 수가 없었습니다.

하지만 사마귀를 무섭게 생각한 건 나뿐만은 아니었나 봐요. 사마귀가 등장하는 공포 영화도 종종 있었거든요. 사마귀는 자기보다 훨씬 덩치가 큰 상대한테도 겁내지 않고 달려드는 싸움 대장이지요. 하지만 사마귀가 싸움 대장이 된 데에는 다 그만한 이유가 있답니다.

　어떤 곤충이든 나름대로 살아가는 방식이 있거든요. 곤충 중에는 하루도 쉬지 않고 열심히 일하는 곤충이 있는가 하면 아무것도 하지 않고 빈둥거리며 놀고먹는 곤충도 있습니다.

　신비롭고 재미있는 곤충의 세계, 이제 그 마지막 여행을 떠나 볼까요?

차례

벌레들의 싸움 대장은 누구일까?

항라사마귀는 싸움 대장? 16

사마귀 결혼식은 무서워? 38

어미 사마귀는 냉정해? 54

놀고먹는 게으름뱅이 곤충들?

땅말벌은 바보일까, 천재일까? 80
게으름뱅이 곤충은 누구일까? 114

파브르 선생님이 살던 프로방스 지방에서는, 겨울이 되면 사마귀의 알이 사람들 눈에 잘 띄었습니다.

프로방스 사람들은 사마귀의 알을 '데이뇨'라고 부르며 동상을 치료하는 약으로 썼습니다. 거품에 싸인 덩어리가 사마귀의 알인 줄도 모르고 말이에요.

사람들은 데이뇨를 둘로 쪼갠 다음, 흐르는 즙을 짜서 동상이 걸린 곳에 문지르면 낫는다고 믿었답니다.

그뿐만이 아니었습니다.

데이뇨는 치통 약으로도 쓰였습니다. 데이뇨를 몸에 지니고만 있어도 치통에 좋다고 생각했거든요.

프로방스 지방의 여자들에게는 겨울이 되기 전에 사마귀의 알인 데이뇨를 구해다 놓는 것이 중요한 일이었습니다.

그러다 누군가 이가 아프다고 데이뇨를 빌리러 오면 소중하게 간직하고 있던 것을 내어 주며 말했습니다.

"절대로 잃어버리면 안 됩니다. 더 이상 구하기 힘든 것이거든요."

파브르 선생님은 마을 사람들이 약으로 쓰던 데이뇨가 정말 동상과 치통에 효과가 있을까 의심하기도 했습니다.

하지만 파브르 선생님은 가끔씩 웃으며 이렇게 말씀하셨답니다.

"이 치통 약을 우습게 보아서는 안 돼. 신문에 광고하는 약 중에서 이것보다 더 효과가 좋다고 확신할 만한 것은 없으니까."

파브르 할아버지와 손녀 루시는 마주 보며 서로의 손을 꼭 잡았습니다. 이제부터 파브르 할아버지 그리고 손녀 루시가 여행할 사마귀 세상으로 여러분도 함께 떠나요.

항라사마귀는 싸움 대장?

 서늘한 바람에 초록 잎이 곱게 물들어 가는 가을이었습니다. 풀벌레 소리 가득한 곤충들의 마을에서 싸움 대회가 열렸습니다.
 "자, 다음 참가자는 말벌과 호랑거미입니다."
 말벌과 호랑거미는 서로 독침과 거미줄 그물을 가지고 싸움을 벌였습니다.

여치, 귀뚜라미, 무당벌레, 베짱이, 방아깨비, 꿀벌, 사슴벌레, 사마귀 등 모든 벌레들이 대회장에 모여 싸움 구경을 했습니다.

무당벌레는 개미한테 혼쭐이 나고 독거미에 물린 베짱이는 힘없이 쓰러지고 말았지요.

모든 곤충들이 뒤엉켜 싸우며 이기고 지고 했지만 언제나 이기는 곤충이 있었습니다.

바로 항라사마귀였지요.

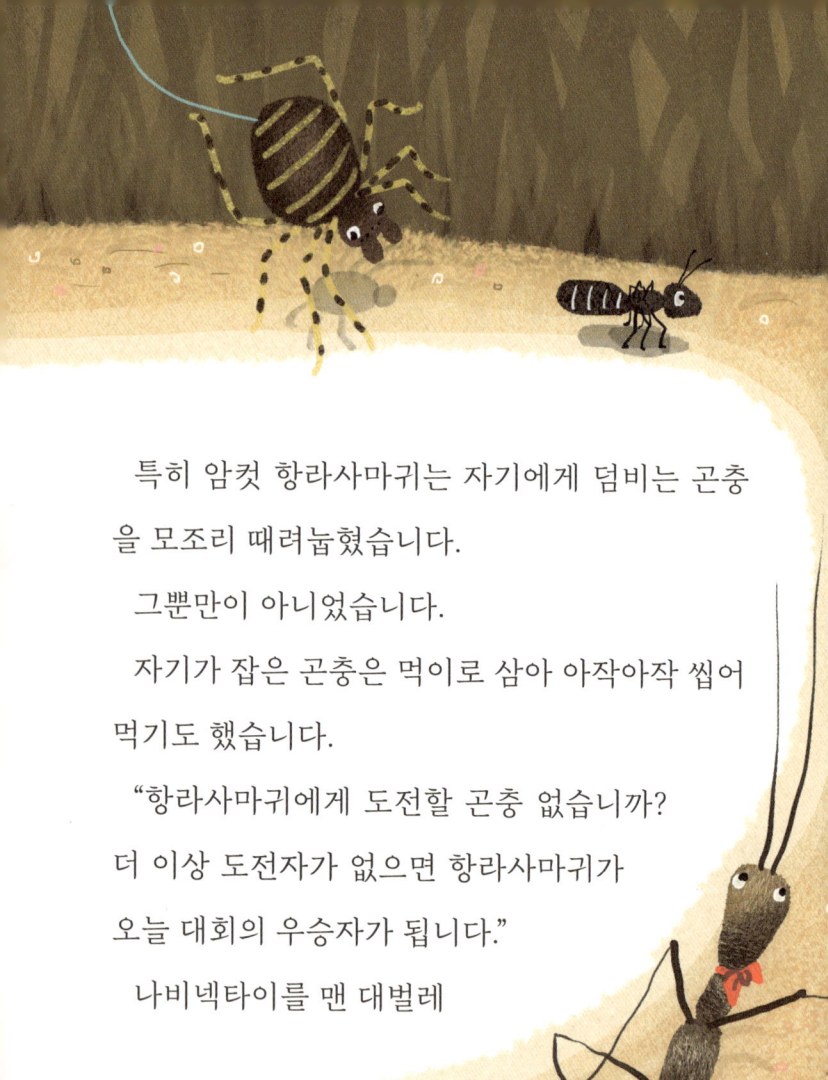

 특히 암컷 왕사마귀는 자기에게 덤비는 곤충을 모조리 때려눕혔습니다.
 그뿐만이 아니었습니다.
 자기가 잡은 곤충은 먹이로 삼아 아작아작 씹어 먹기도 했습니다.
 "왕사마귀에게 도전할 곤충 없습니까? 더 이상 도전자가 없으면 왕사마귀가 오늘 대회의 우승자가 됩니다."
 나비넥타이를 맨 대벌레

심판이 외쳤습니다.
"호호호. 누구든지 오너라. 내 밥으로 만들어 줄 테니."
암컷 항라사마귀는 소름 끼치는 미소를 지으며 말했습니다.
그때 관중석 한쪽에서 커다란 메뚜기 한 마리가 나왔습니다.
"나보다 더 조그만 녀석이 우승자가 되다니. 내가 가만히 있을 수 없지."

메뚜기는 보란 듯이 일어서서 날개를 한 번 부르르 떨었습니다.
  "저 메뚜기는 사마귀보다도 덩치가 크군. 어쩌면 사마귀를 이길 수 있을지도 몰라."
  "항라사마귀 좀 봐. 앞다리를 모으고 기도하고 있어. 메뚜기를 이기게 해 달라고 기도하는 걸까?"
  메뚜기가 곤충들의 박수를 받으며 나오는 동안, 항라사마귀는 두 개의 앞다리를 가지런히 모으고 기다렸습니다.
  항라사마귀가 앞다리를 가지런히 모은 것은 꼭 기도하는 모습 같지요. 그래서 프랑스 사람들은 사마귀를 '기도하는 벌레'라고 부르기도 했답니다. 또, 사마귀의 학문적 이름도 신에게 기도를 드리고 신의 뜻을 점치는 여자를 뜻하는 '만티스'라고 합니다.

하지만 사실 항라사마귀의 앞다리는 기도하는 손이 아닌 무서운 싸움 도구랍니다.

풀을 베는 낫처럼 생긴 앞다리는 접었다 폈다 할 수 있게 되어 있습니다. 평소에는 다니는 데 방해가 되지 않도록 접어서 다닙니다. 하지만 싸울 때는 잽싸게 펴서 싸움 도구로 사용하지요.

메뚜기는 커다란 덩치를 자랑하며 앞으로 엉금엉금 기어 나왔습니다.

"네, 메뚜기가 도전자로 나오고 있군요. 두 벌레는 정정당당히 싸워 주길 바랍니다."

대벌레 심판이 목에 맨 나비넥타이를 매만지면서 큰 목소리로 외쳤습니다.

메뚜기와 항라사마귀는 무대 위에 마주 보고 섰습니다. 항라사마귀는 반짝반짝 빛나는 눈으로 상대방을 쳐다보았습니다.

항라사마귀는 홑눈과 겹눈을 가졌습니다. 그래서 입체 시력으로 움직이는 대상과의 거리를 정확히 가늠할 수 있습니다. 마치 육식 포유류처럼 말이에요.

 게다가 머리를 180도로 돌릴 수 있어 시야가 300도나 됩니다. 넓은 범위를 볼 수 있으니 뒤에서 움직이는 먹이도 금방 알 수 있지요.

"흥, 덩치는 나보다 작고 다리와 몸통도 형편없이 가늘군. 내가 한 번 훅 불면 날아갈 것처럼 연약한데 날 이길 수 있을까?"

메뚜기는 자신만만한 표정으로 사마귀에게 천천히 다가갔습니다.

'덩치 큰 녀석은 쉽게 상대할 수 없어. 상대의 몸집이 클 때는 앞다리로 휘어잡는 대신 먼저 겁부터 줘야 하지.'

항라사마귀는 이렇게 생각하고 갑자기 앞뒤의 날개를 쫙 펼쳤습니다. 그러고는 두 개의 앞다리를 가슴 앞에 쳐들었습니다.

그것뿐만이 아니었습니다.

배에 있는 두 날개를 비벼서 쉿, 쉿 하는 소리를 내며 메뚜기를 위협했습니다.

메뚜기에게는 그 모습이 도깨비처럼 보였습니다.

사마귀는 상대의 덩치가 크고 강해 보일 때 이런 무서운 자세를 보여 줍니다. 상대방을 위협하면서 겁을 잔뜩 주어 꼼짝 못 하게 만들려는 것이지요.

'저건……, 도, 도깨비가 틀림없어.'

메뚜기는 그 모습이 너무나 무서워 넋이 나가고 말았습니다. 얼어붙은 얼굴로 어쩔 줄 모르고

조금씩 옆으로 움직였습니다. 메뚜기가 움직이는 대로 향라사마귀의 머리도 천천히 돌아갔습니다.
 이제 메뚜기는 최면에 걸린 것처럼 향라사마귀 앞으로 다가갔습니다.

너무나 겁에 질려 도망칠 생각조차 못 하고 말이지요. 그때였습니다. 항라사마귀가 앞다리를 재빠르게 뻗어 메뚜기를 잡았습니다.
 "헉, 이럴 수가······."
 항라사마귀의 앞다리는 메뚜기의 몸에 가시처럼 콱 박혀 버렸습니다. 메뚜기는 이제야 깨달았습니다. 자기가 얼마나 강한 대상과 겨루는 것인

지요. 그러나 메뚜기가 아무리 발버둥을 쳐도 소용이 없습니다.

 항라사마귀의 앞다리에는 톱니처럼 생긴 가시가 많이 있습니다. 그래서 한번 붙잡은 먹이는 놓치는 일이 없지요.

 앞다리는 네 개의 마디로 되어 있는데 밑마디는 길고 강해서 용수철처럼 재빠르게 다리를 뻗거나 접을 수 있답니다. 또, 종아리마디의 끝은 날카로운 침처럼 생겨서 무엇이든지 찌를 수가 있습니다.

"으, 으윽. 살려 줘. 내가 졌어."

메뚜기는 사정을 했지만 항라사마귀는 못 들은 척했습니다.

항라사마귀는 메뚜기를 위협하기 위해 펼쳤던 날개를 접어 다시 제자리에 두었습니다. 그렇게 예전의 보통 모습으로 돌아온 항라사마귀는 메뚜기를 천천히 씹어 먹었습니다.

항라사마귀는 일단 먹이를 잡으면 절대로 놓치지 않고 뾰족한 입으로 꼭꼭 씹어 먹어 버립니다. 암컷 항라사마귀는 어찌나 먹성이 좋은지 날개만 남기고 메뚜기를 모두 먹어 버렸습니다.

"이봐요, 항라사마귀 씨! 도전자들을 그렇게 계속 잡아먹어 버리면 어떡해요. 이건 정정당당한 시합이란 말이오."

대벌레 심판이 항의하자 항라사마귀는 천천히

대벌레에게 다가갔습니다. 그러고는 관중들이 앗 하고 비명을 지를 사이도 없이 대벌레를 낚아챘습니다. 어찌나 빠른지 미처 보지 못한 곤충들도 많았습니다.

항라사마귀는 먹이가 옆으로 다가오면 놀랄 만큼 빠르게 상대방을 공격합니다.

항라사마귀란 녀석은 사냥을 하기 전에 몸을 움직이지 않고 가만히 기다립니다.

그러고는 눈만 혹은 머리만 움직이면서 상대방을 노려보는 것이지요. 그러다 어느 순간 갑자기 휙 하고 앞다리를 펴서 뻗는답니다.

항라사마귀는 낚아챈 대벌레의 목을 물었습니다. 항라사마귀가 가장 먼저 공격하는 곳은 바로 먹이의 목입니다.

한쪽 앞다리로 몸 한가운데를 꽉 잡고 나머지 앞다리로는 목을 누릅니다.

마지막으로 몸에 있는 신경을 물어 버리면 먹이는 꼼짝도 못 하게 되지요.

마침내 항라사마귀는 심판인 대벌레까지 먹어 버렸습니다.

"정말 무서운 녀석이야. 아무도 항라사마귀를 당해 낼 수 없을 거야."

"저 녀석은 싸움 대장에다 먹보 대장이야. 도전자들을 다 잡아먹고서 이제는 심판까지 먹어 치우잖아."

구경하던 곤충들이 술렁이기 시작했습니다.

"우리까지 잡아먹기 전에 빨리 이 자리를 피하는 게 좋겠어요."

"맞아요. 워낙 먹보라서 아직도 뭔가 더 먹고 싶을지도 모르니까."

모였던 벌레들은 항라사마귀의 눈치를 보며 재빨리 흩어졌습니다.

사마귀 결혼식은 무서워?

곤충들이 모두 도망가 버린 대회장은 텅 비었습니다. 항라사마귀는 홀로 우두커니 서 있었지요.

하지만 모두가 무서워하는 암컷 항라사마귀를
지켜보는 곤충이 있었습니다.
바로 수컷 항라사마귀였지요.

"어쩌면 저렇게 용감하고 멋있을까."

암컷 항라사마귀에게 반한 수컷 항라사마귀는 돌아가는 구경꾼들 사이에서 벌떡 일어났습니다. 그러곤 용기를 내어 암컷에게 날아갔습니다.

바라보기만 해서는 암컷 항라사마귀의 사랑을 얻을 수 없을 거예요.

홀쭉한 몸매의 수컷 항라사마귀는 암컷과는 달리 먹보가 아니랍니다. 자기가 움직일 수 있을 만큼만 먹으면 되기 때문에 가끔씩 파리나 작은 메뚜기를 잡아먹는 것으로 충분하답니다.

물론 암컷만큼 강한 싸움꾼도 아니고요.

암컷의 날개는 상대를 위협하기 위해 쓰이지만 수컷은 암컷에게 날아가기 위해 날개를 쓴답니다. 물론 나비처럼 훨훨 날지는 못하지만 4~5미터로 낮게 날며 풀밭을 헤치고 다니지요.

용감하고 씩씩한 항라사마귀 양

내 사랑을 받아 주세요

당신과 함께라면 어떤 곤충도 두렵지 않아

어떤 위험도 이길 수 있어

당신은 최고의 싸움꾼
당신은 벌레들의 왕

수컷 항라사마귀는 사랑의 노래를 부르며 우아하게 암컷 항라사마귀 앞에 내려앉았습니다.
"항라사마귀 양! 당신의 멋진 모습에 반했다오. 우리 결혼합시다."
 수컷 항라사마귀는 암컷을 향하여 가슴을 힘껏 젖히며 말했습니다. 암컷 항라사마귀는 무관심한 듯 수컷을 빤히 쳐다보았습니다.
'흥, 제 무덤을 스스로 파는군. 어디 한번 마음대로 해 보시지.'
 암컷 항라사마귀가 아무런 반응이 없자 수컷은 암컷에게 다가가 날개를 펴고 한바탕 몸을 흔들어 댑니다.

그러곤 암컷의 등에 올라타고 아래로 떨어지지 않도록 몸을 꽉 붙잡았습니다. 오랫동안 그런 자세로 있어야 짝짓기에 성공할 수 있습니다. 어떤 때는 다섯 시간이 넘게 걸리기도 하지요. 드디어 짝짓기에 성공한 수컷 항라사마귀는 기쁘고 행복했습니다.

하지만 그 기쁨도 잠시뿐이었습니다. 짝짓기를 끝내기도 전에 암컷 항라사마귀가 수컷의 머리를 먹어 버렸거든요. 머리가 없는 수컷과 짝짓기를 하는 암컷 항라사마귀도 흔하게 발견된다고 합니다.

"너무 억울하다고 생각하지는 말아요. 다 우리 새끼들을 위해서니까."

짝짓기를 끝낸 암컷 항라사마귀는 수컷 항라사마귀를 씹어 먹어 버렸습니다.

 주변에 남아 있다가 그 모습을 본 곤충들이 마을로 돌아가 소문을 냈습니다.
 "어쩜, 자기 남편까지 잡아먹는 그런 못된 곤충이 다 있을까."
 "항라사마귀들은 먹이가 많이 있는데도 같은 항라사마귀끼리 서로 잡아먹는다고 해요. 정말 무시무시한 곤충이라고요."

"살아 있는 곤충만 사냥한다고 하니, 우린 피해 다니는 수밖에 없어요."

곤충들은 만나기만 하면 항라사마귀의 흉을 보느라 정신이 없었습니다.

마침 이웃 마을에 사는 빗살수염사마귀가 놀러 왔습니다. 곤충들은 빗살수염사마귀를 보고 깜짝 놀라 피했습니다.

"그 못된 사마귀예요."

"우리를 몽땅 잡아먹을지도 모른다고요."

빗살수염사마귀는 사마귀 중에서도 가장 괴상한 모습을 하고 있습니다. 가늘고 긴 눈은 튀어나와 있고 눈 사이에는 삼각형 모양의 뿔이 돋아나 있습니다. 그래서 빗살수염사마귀를 옆에서 보면 모자를 쓴 마법사 같답니다.

"이봐요. 내가 좀 괴상하게 생기긴 했지만 그렇게 못된 곤충은 아니라고요. 난 아주 적게 먹는 곤충이고, 암컷이 수컷 사마귀를 잡아먹지도 않는단 말이에요. 난 항라사마귀와는 달라요. 아주 평화로운 사마귀라고요."

엷은 초록색, 흰색, 장미색이 섞인 아름다운 색깔을 가진 빗살수염사마귀가 사정을 이야기했지만 곤충들은 믿지 않았습니다.

하지만 빗살수염사마귀의 말은 모두 사실이었습니다. 빗살수염사마귀는 좁은 공간에 여러 마리가 같이 있어도 절대로 싸우지 않습니다. 먹이도 아주 조금만 먹기 때문에 하루에 겨우 파리 한 마리 정도 먹을 뿐이지요.

"아이참, 오랜만에 놀러 왔는데……. 이게 다 항라사마귀 녀석 때문이라고. 그 먹보 대장, 싸움 대장 때문에 나까지 못된 녀석 취급을 받잖아. 어디 만나기만 해 봐라. 내 삼각뿔로 박치기를 해 버릴 테니까."

빗살수염사마귀는 큰소리치며 마을을 떠났습니다. 사실은 항라사마귀를 만날까 봐 두렵기도 했답니다. 항라사마귀들은 특히 배 속에 알이 생기면 더 무섭게 싸움을 하거든요.

어미 사마귀는 냉정해?

친구도 친척도 없는 암컷 항라사마귀는 늘 외톨박이였습니다. 외톨박이인 것도 모자라 모든 곤충들이 무서워하고 욕하는 벌레가 되어 버렸지요.

하지만 항라사마귀는 곤충들의 따돌림에도

아랑곳하지 않았습니다. 늘 고개를 빳빳하게 든 당당한 모습이었죠.

욕할 테면 실컷 욕해 봐
난 무서운 싸움꾼이야
난 지독한 먹보 대장이야
아무도 두렵지 않아
누구와 싸워도 이길 수 있어

어디 한번 실컷 욕해 봐
살아 있는 것은 무조건 잡아먹을 테니
못 먹는 것이 없어
남편도 잡아먹지
동료도 잡아먹지

암컷 항라사마귀는 알이 잔뜩 든 배를 쓰다듬었습니다.
"내가 괜히 싸움 대장, 먹보 대장이 된 줄 알아? 이 많은 알을 만들고 낳으려면 어쩔 수가 없다고."
차가운 가을바람이 불자 암컷 항라사마귀는 알을 낳을 준비를 했습니다. 햇빛이 잘 드는 죽은 나뭇가지나 돌 위, 포도나무의 그루터기 등이 사마귀가 알을 낳기에 좋은 장소입니다.
"여기가 좋겠군."
항라사마귀가 고른 곳은 햇빛이 따뜻하게

비치는 죽은 나뭇가지 위였습니다. 암컷 항라사마귀는 두 시간에 걸쳐 알을 낳았습니다.

나뭇가지에 알 덩어리를 낳고 그 옆의 돌 위에다 또 알 덩어리를 낳았습니다.

그러곤 그 옆에 세 번째 알 덩어리를 낳았습니다.

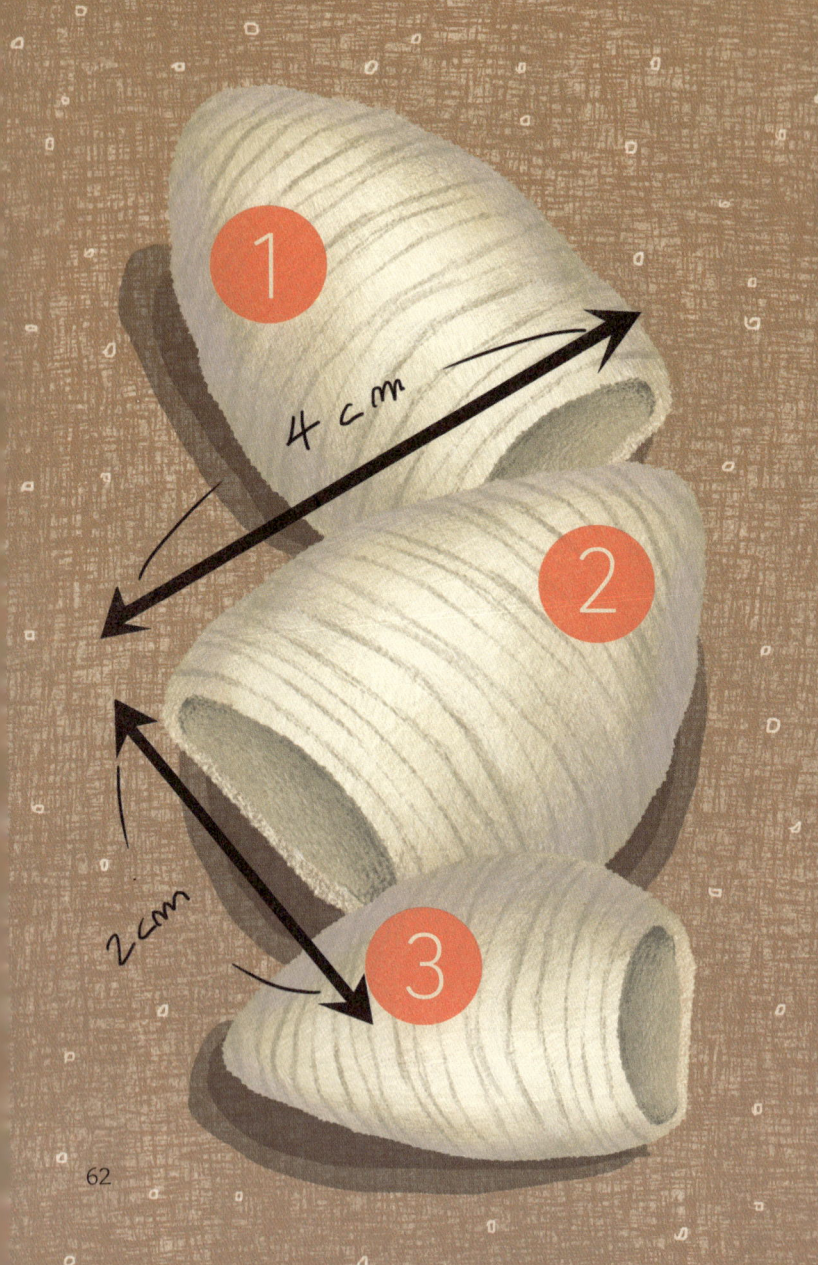

첫 번째와 두 번째 알 덩어리는 크기가 비슷한데, 세 번째 알 덩어리는 다른 두 알의 반만 한 크기입니다.

항라사마귀가 낳은 알 덩어리에는 약 사백 개의 알이 들어 있습니다. 가장 작은 것에도 이백 개에서 삼백 개의 알이 들어 있습니다.

희던 알 덩어리는 보릿짚 색깔의 가늘고 긴 모양이 되었습니다.

크기는 길이가 4센티미터 정도이고 가로의 폭은 2센티미터 정도입니다.

힘들게 알을 낳은 항라사마귀는 알 덩어리를 보며 말했습니다. 항라사마귀의 목소리는 새끼들을 향한 사랑으로 가득 차 있었습니다.

"이제 곧 추운 겨울이 올 거야. 하지만 너희들은 그 안에 있으니 걱정할 필요가 없단다."

사마귀의 알 덩어리는 굳은 거품으로 둘러싸여 있습니다. 이 거품은 알이 상처를 입지 않게 보호해 주고 또 추위를 막아 주는 역할도 하지요. 알 덩어리를 둘러싼 거품은 솜이불처럼 덩어리 안의 따뜻한 온도를 바깥으로 빼앗기지 않게 하고, 바

깥에서 불어오는 차가운 바람을 막아 주거든요.

 알 덩어리는 딱딱하지만 새끼들이 알에서 쉽게 나갈 수 있도록 작은 틈이 많이 있습니다.

"이제 엄마는 떠날 거야. 그러니 너희들이 알에서 나오면 돌봐 줄 곤충은 아무도 없어. 너희들은 개미한테 잡아먹힐 거야. 메뚜기한테도 베짱이한테도 여치한테도 잡아먹히겠지. 새한테도 벌에게도 좋은 먹잇감이 될 거야. 가여운 내 형제들이 그랬던 것처럼 말이야."

항라사마귀는 자신이 허물을 벗고 자라난 어린 시절을 떠올렸습니다.

 수많은 적들에게 잡아먹힐 뻔했던 어린 사마귀는 형제들이 죽어 가는 것을 지켜보았습니다.
 그리고 잡아먹히지 않기 위해 허물을 벗을 때마다 점점 강해졌지요.
 "너희들 중 나처럼 어른 항라사마귀가 되는 녀석들은 얼마 되지 않을 거야. 난 너희들이 모두 살아남기를 바라지는 않아. 정말 강한 녀석만이 살아남겠지. 연약한 녀석들은 잡아먹혀도 할 수 없어. 허물을 다 벗을 때까지 적들을 피하고 살아남은 용감한 사마귀만이 진정한 싸움 대장이 될 수 있지. 그러면 너희들은 이 숲에서 가장 강한 벌레가 되는 거야."

어미 항라사마귀는 알을 쳐다보지 않으려고 고개를 돌렸습니다. 그러곤 다른 쪽으로 천천히 걸었습니다. 마침 근처의 풀잎에서 놀고 있던 메뚜기가 항라사마귀의 알을 보았습니다.

"응, 이 딱딱한 덩어리는 뭐지? 폭신폭신해 보이는걸"

메뚜기가 항라사마귀의 알을 올라타고 앉았습니다. 어미 항라사마귀는 달려가 메뚜기를 혼내 주기는커녕 모른 척 뒤돌아서서 가 버렸습니다.

 이제 따뜻한 봄이 되면 이 알에서는 수많은 새끼 항라사마귀들이 계속해서 태어날 것입니다.
 어미 항라사마귀의 생각대로 많은 새끼 항라사마귀들이 적들에게 잡아먹힐 것입니다.

하지만 끝까지 살아남아 어른이 된 항라사마귀들은 그들의 어미가 그랬던 것처럼 냉정하고 잔인한 싸움 대장, 먹보 대장이 되겠지요.

암컷 항라사마귀는 잔인해요?

결혼식 날 신부에게 잡아먹히는 신랑이 있습니다. 바로 항라사마귀예요. 항라사마귀 암컷은 수컷과 짝짓기를 한 직후에 수컷을 잡아먹습니다. 너무 끔찍하지요? 하지만 거기에는 이유가 있습니다. 항라사마귀는 300~400개의 알이 들어 있는 알주머니를 여러 개 낳는데, 그렇게 많은 알을 낳기 위해서는 충분한 영양이 필요합니다. 그렇기 때문에 수컷을 잡아먹어서 영양 보충을 하는 것입니다. 잔인하기는 하지만, 그것이 항라사마귀들이 살아가는 방식입니다.

사마귀목 사마귀과의 곤충인 항라사마귀는 다른 사마귀에 비해서 조금 작은 편입니다. 생김새도 포악한 느낌의 다른 사마귀들에 비해서 귀여워 보입니다. 몸은 옅은 녹색 또는 갈색이며, 들이나 개천가에서 볼 수 있습니다.

파브르 선생님은 한때 땅말벌이 여치를 잡는 과정을 관찰하기 위해 여러 곳을 돌아다닌 적이 있었습니다. 하지만 고생만 하고 번번이 실패했습니다.

그렇게 20년이 흐른 어느 날, 선생님의 어린 아들이 땅말벌이 나타났다며 선생님을 불렀습니다. 파브르 선생님은 너무나 기뻐 한걸음에 달려가 보았지요.

과연 커다란 땅말벌이 여치를 마취시켜 끌고 가고 있었습니다.

파브르 선생님은 아들 덕분에, 아주 오래도록 기다린 관찰을 성공적으로 끝마칠 수 있었습니다. 그건 바로 여치를 잡는 땅말벌의 모습이었습니다.

 파브르 선생님은 놀고먹는 곤충들에 대해서도 연구했습니다. 그리고 오랜 관찰과 연구를 통해 마침내 청벌이나 개미벌, 재니등에, 밑들이벌 등이 손쉽게 놀고먹는 방법이 무엇인지 알아냈습니다.

 이 곤충들은 남이 힘들게 구한 먹이를 그냥 차지하거나 다른 곤충의 소중한 애벌레에 알을 낳

기도 하는 것이었습니다.

 다른 곤충들이 열심히 일할 때 몸치장에만 신경 쓰던 청벌은 왜코벌의 집에 몰래 들어가 알을 낳았습니다. 그러고는 자신의 애벌레가 왜코벌의 알을 먹고 자라게 하는 것이지요.

 놀고먹으며 남에게 피해를 주는 게으름뱅이들 중에는 부지런히 일한다고 알려져 있던 곤충들도 있었습니다.

 우리가 게으름뱅이 곤충들에 대해 많은 사실을 알 수 있게 된 것은, 모두 파브르 선생님이 평생을 바쳐 연구하고 기록한 덕분입니다.

 파브르 선생님의 손녀 루시의 가슴은 할아버지에 대한 감사한 마음으로 가득 차올랐습니다. 파브르 할아버지와 루시가 떠나는 마지막 곤충 여행인 게으름뱅이 곤충 여행에 여러분을 초대합니다.

땅말벌은 바보일까, 천재일까?

구름 한 점 없는 화창한 오후였습니다.

커다란 땅말벌 앵앵이가 사냥을 하러 밖으로 나왔습니다.

"오늘은 꼭 여치를 잡아야 할 텐데……."

앵앵이는 풀숲을 뒤지면서 여치를 찾았습니다.

"저기 있다!"

앵앵이는 막 신나게 노래를 부르려던 여치에게 날쌔게 덤벼들었습니다.

"아이고, 땅말벌님. 살려 주세요. 저는 수컷이란 말이에요."

"어, 정말이네. 수컷은 필요 없어. 저리 꺼져."

앵앵이는 수컷 여치를 발로 뻥 차 버렸습니다.

땅말벌은 알을 배어서 배가 불룩한 암컷 여치만을 좋아한답니다. 알을 밴 암컷 여치는 영양이 더 풍부하니까요.

한참 풀숲을 뒤진 끝에, 앵앵이는 살이 너무 쪄서 빨리 움직이지 못하는 여치 한 마리를 보았습니다.

"저 녀석 정말 통통한데. 분명 알을 가득 밴 암컷 여치일 거야."

앵앵이는 여치에게 잽싸게 달려들더니 말안장같이 생긴 여치의 가슴을 물었습니다. 그러고는 허리를 구부려 꽁무니에 달려 있는 침으로 여치에게 주사를 놓았지요. 앵앵이는 먼저 여치의 가슴에 주사를 놓은 다음 다시 목에다 주사침을 꽂았습니다. 앵앵이가 여치의 목에 놓은 주사는 여치의 가슴 첫 번째 신경을 마비시켰습니다.

 주사를 맞은 여치는 순식간에 꼼짝도 할 수가 없었습니다. 앵앵이가 다시 뒤집어 놓거나 엎어 놓아도 전혀 움직이지 않았습니다.

 하지만 여치가 죽은 것은 아니랍니다.

 "내 몸이 왜 이러지? 움직일 수가 없네. 너무 무서워."

 여치는 두 개의 더듬이를 가늘게 떨었습니다.

몸을 움직이고 싶어 조금씩 꿈틀거렸지만 다리는 꿈쩍도 하지 않았습니다.

땅말벌 앵앵이는 여치를 죽인 것이 아니라 움직이게 하는 신경을 마비시킨 것입니다. 여치의 몸은 신경이 마비되었을 뿐 다른 문제는 없었던 것이지요.

 앵앵이가 잡은 여치는 땅말벌의 애벌레에게 먹힐 때까지 오랫동안 살아 있을 것입니다.

 언뜻 생각해 보면 건강한 곤충이 더 오랫동안 살아 있을 것 같습니다. 하지만 마비된 채로 움직이지 않으며 아주 적은 에너지만 쓰는 곤충이 훨씬 더 오랫동안 살 수 있습니다. 게다가 심하게 움직이지도 않으니 땅말벌의 애벌레를 해칠 걱정도 없답니다.

"자, 됐다. 너는 이제 우리 집으로 가서 내 애벌레의 맛있는 먹이가 될 거야. 움직일 수도 없으니 건강한 녀석보다 훨씬 오래 살겠지. 내 애벌레에게 싱싱한 먹이를 주려면 이렇게 마취된 녀석이 훨씬 좋지."

만약 여치가 멀쩡한 채로 땅말벌의 집 속으로 끌려간다면 어떻게 될까요?

건강한 여치는 몸을 많이 움직이기 때문에 몸 안의 에너지를 빨리 쓰게 됩니다.

그러면 여치는 4~5일 만에 죽어 썩게 되겠지요.

땅말벌은 과학을 공부하지 않았어도 이 모든 것을 아는 천재였습니다.

앵앵이는 여치의 더듬이를 입에 문 채 뒷걸음질을 치며 여치를 끌고 갔습니다.

영치기 영차

나는 나는 똑똑한 천재

먹이를 마취시켜서 데려간다네

마취된 먹이는 오래 산다는 것을

난 다 알고 있지

영치기 영차

나는 나는 힘센 장사

나보다 더 큰 먹이를 끌고 간다네

가느다란 더듬이를 붙잡고도

비탈길을 기어오를 수 있지

신나게 여치를 끌고 가던 앵앵이는 갑자기 걸음을 멈추었습니다. 앵앵이가 지나가는 길 옆에 숨어 있는 사마귀를 보았기 때문이지요.

사마귀는 마치 기도를 하는 듯한 자세로 먹이를 기다리고 있었습니다. 사마귀는 꽃 아래에 숨어서 앵앵이와 여치를 빤히 바라보았습니다.

 '흥, 나와 내 먹이를 노리는 모양이지? 하지만 어림도 없지.'

앵앵이는 사마귀를 노려보며 여치를 계속 끌고 갔습니다. 앵앵이는 용감하게도 사마귀가 있는 풀숲 옆을 지나가며 소리쳤습니다.

"이봐, 내 독침이 얼마나 무서운지 알고 있겠지? 만약 네가 덤비면 나는 먹이를 내던지고 너와 한 판 붙을 거라고."

앵앵이는 무서운 눈짓으로 사마귀를 위협했습니다.

'좀 더 가까이 오면 좋을 텐데. 그럼 이 낫 같은 앞다리로 금방 붙잡을 수 있을 거야. 하지만 저런 녀석은 조심성도 많단 말이야.'

사마귀는 가만히 서서 앵앵이를 바라보며 곰곰이 생각했습니다.

아무리 싸움 대장인 사마귀라도 잔뜩 겁을 주는 땅말벌을 공격하고 싶진 않았습니다. 땅말벌은 무사히 사마귀 옆을 지나갈 수 있었습니다.

"하하하. 나는 똑똑한 데다 용감하기까지 하지. 누가 나를 공격하고, 내 먹이를 빼앗아 갈 수 있겠어?"

앵앵이는 기분이 좋아져 여치를 더 빨리 끌었습니다.

앵앵이가 집 근처까지 왔을 때였습니다.

모자를 눌러쓴 개구쟁이 소년이 앵앵이를 발견했습니다.

"어, 벌이 여치를 끌고 가네. 정말 신기하다. 어디로 가는 걸까?"

앵앵이를 바라보던 소년은 갑자기 장난이 치고 싶어졌습니다. 소년은 가방에서 가위를 꺼내 앵

앵이가 물고 가던 여치의 한쪽 더듬이를 싹둑 잘라 버리고 말았습니다.

"아니, 이게 어떻게 된 일이야. 왜 갑자기 먹이가 가벼워져 버렸지?"

놀란 앵앵이는 허둥댔습니다.

"이런, 더듬이가 잘려 버렸네. 할 수 없지. 반대쪽이라도 물고 가는 수밖에."

앵앵이는 바로 옆에 있는 반대쪽 더듬이를 물고 끌어당겼습니다.

"크크크. 이거 참 재미있는데. 요 녀석, 또 한 번 골탕 좀 먹어 볼래?"

소년은 앵앵이가 물고 가던 더듬이마저 잘라 버렸습니다.

"오늘은 정말 이상한 날이네."

앵앵이는 여치를 살피며 물고 갈 만한 곳을 찾

았습니다.

앵앵이는 다른 곳은 찾지 못하겠는지 여치의 머리를 물려고 했습니다.

하지만 여치의 머리는 둥글고 매끈매끈해서 앵앵이가 한 번에 물 수가 없었습니다. 게다가 여치의 머리는 앵앵이가 한입에 물기에는 너무 컸습니다.

"아이참, 미끄러지기만 하고. 정말 못 하겠네. 어떡하면 좋아."

앵앵이는 화가 나서 뒷다리로 날개를 비벼 댔습니다. 그러고는 앞다리를 입에 대고 몇 번 쓰다듬은 뒤 실망한 표정으로 눈만 비벼 댔습니다.

　그 모습을 지켜보던 소년은 미안한 생각이 들었습니다. 그래서 여치의 다리를 앵앵이에게 슬쩍 내밀어 보였습니다.

"여기 물고 갈 만한 다리가 여섯 개나 있어. 불편하게 머리만 물려고 하지 말고 가느다란 다리를 물면 되잖아."

소년은 앵앵이에게 여치의 다리를 보여 주었지만 앵앵이는 잡을 생각을 하지 못했습니다.

"더듬이가 없으면 끝장이야. 힘들게 잡아 온 먹이도 소용이 없다고."

앵앵이는 아쉽지만 여치를 포기하기로 했습니다.

"저런 미련한 녀석, 힘들게 잡아서 끌고 온 먹이를 그냥 포기한단 말이야? 다리를 물면 될 텐데, 왜 그 생각은 못 하는 거지? 더듬이 말고도 물고 갈 곳을 잘 찾아보지 않고. 이 녀석 정말 바보로구나."

소년은 다른 먹이를 찾아 날아간 앵앵이를 보며 말했습니다.

다행히 운 좋게 앵앵이는 다른 여치를 사냥할 수 있었습니다. 앵앵이는 여치의 가슴과 목에 침

을 놓아 움직이지 못하게 한 다음 집까지 먹이를 낑낑대며 끌고 왔습니다.

 땅말벌은 보통 모래나 부드러운 흙이 있는 곳에 구멍을 파서 집을 만듭니다.

미리 집을 짓는 것이 아니라 먹이를 잡을 때마다 구멍을 뚫어 새로운 집을 만드는 것이지요.

"먼저 집이 깨끗한지 확인을 해야지."

앵앵이는 집 앞에 여치를 놓아두고 먼저 구멍 속으로 들어가 조사를 했습니다.

"됐어. 집도 깨끗하고 벽도 튼튼하구나."

앵앵이는 튼튼한 구멍 속으로 여치를 끌고 들어갔습니다. 그러고는 뒷다리가 달린 쪽의 배 위에 알을 낳았습니다.

"아가야, 어서 태어나서 싱싱하게 살아 있는 여치를 먹고 자라렴. 엄마는 네가 다 클 때까지 아무도 너를 괴롭히지 못하게 집의 구멍을 꼭 막아 줄게."

앵앵이는 집 밖으로 나와 집의 출입구를 막는 공사를 시작했습니다.

집 대문 앞의 먼지와 흙을 뒷발로 쓸어 버렸습니다. 얼마나 힘차게 쓰는지 흙과 먼지가 연기처럼 날아다닙니다. 아기를 위한 일이어서 그런지, 앵앵이는 힘든 줄도 몰랐습니다.

"뚜껑을 튼튼하게 해야지."

앵앵이는 입으로 모래알을 골라냈습니다. 그러고는 뚜껑 위에 얹어 놓았지요.

앵앵이는 아무도 찾거나 들어갈 수 없을 만큼 튼튼하고 안전한 집을 만들어 놓았습니다.

앵앵이가 출입구를 막는 일을 하고 있을 때, 만약 좀 전의 그 개구쟁이 소년이 다시 나타나서 여치를 꺼내 버린다면 어떨까요?

먹이와 알이 통째로 집에서 사라져 버린 것을 알게 된다면 앵앵이는 어떻게 할까요?

그래도 앵앵이는 열심히 구멍을 막는 공사를 할 것입니다.

땅말벌은 사냥해 온 먹이가 없어져 버려도 상관하지 않고 열심히 다음 일을 하는 것입니다. 땅말벌은 사냥하고 알을 낳고 집 구멍을 막는 순서만 생각하면서 일하기 때문입니다.

먹이와 알을 위해서 구멍을 막는 것이 아니라, 일의 순서가 정해져 있으니 그대로 하는 것뿐이지요. 먹이와 애벌레가 없는 집이기 때문에 할 필요가 없는데도 말이에요.

때로는 사람보다 더 지혜로운 곤충도 어떤 면에서는 아주 바보 같을 때가 있는 것이지요.

"이제 다 됐다. 정말 힘든 하루였어."

구멍을 다 막은 앵앵이는 날아오르며 생각했습니다.

'난 역시 천재야.'

게으름뱅이 곤충은 누구일까?

햇볕이 쨍쨍 내리쬐는 작은 언덕이 있었습니다. 사막처럼 무더운 그곳은 수많은 벌들과 다른 여러 곤충들이 사는 마을이었지요.

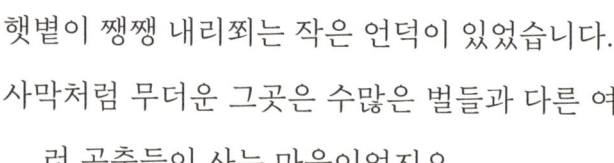

 한쪽에 있는 벌들의 마을에는 노래기벌, 왜코벌, 땅벌, 꿀벌, 미장이꽃벌 등이 사이좋게 꿀을 나눠 먹으며 살고 있었습니다.

 언덕에는 벌의 애벌레가 좋아하는 바구미, 파리, 메뚜기, 거미 등도 많이 살고 있었습니다.

 어느 날, 벌들의 마을에 너무나 아름다운 청벌 몇 마리가 이사를 왔습니다.

 "안녕, 여러분. 이제부터 이곳에서 살게 된 청벌이라고 해요."

청벌들은 보석처럼 반짝이는 몸을 뽐내며 다른 벌들에게 인사를 했습니다.
 분홍색과 푸른색으로 몸단장을 한 청벌, 가슴이 유리처럼 빛나고 몸통은 푸른색과 금빛으로 장식된 청벌 등 겉모습이 눈부시게 아름다운 벌들이었습니다.
 청벌을 본 벌들은 수군거리기 시작했습니다.
 "새로 온 녀석들은 조심할 필요가 있어. 지난번에 개미벌한테 당했던 것을 한번 생각해 봐. 그냥 멋진 옷을 입은 개미인 줄로만 알았던 녀석한테 새끼를 잃은 벌들이 얼마나 많았다고."
 개미벌은 빨간 가슴과 온몸에 털이 돋아 있고 통통한 모습을 한, 개미처럼 생긴 곤충입니다.

 개미벌은 으슥하고 어두운 곳까지 더듬이로 살피며 돌아다니다가 잠자고 있는 남의 애벌레를 훔쳐 가지요.

 "맞아요. 개미벌은 우리들이 땅속에서 나오기만을 끈질기게 기다리고 있다가 몰래 들어가 우리 애벌레에 알을 낳고 도망친 적도 있어요."

 나이 많은 벌들은 옛날 일을 떠올리며 청벌을 경계했습니다.

 하지만 대부분의 벌들은 청벌이 그럴 리가 없다고 생각했습니다.

 "저 아름다운 몸 빛깔을 보세요. 푸른빛과 금빛이 반짝이는 저 고귀하고 아름다운 모습은 보기만 해도 황홀하지 않아요?"

 "그래, 그래. 저렇게 아름답고 품위 있어 보이는 청벌이 나쁜 벌일 리가 없어. 개미벌은 벌이 되다 만 것처럼 생긴 녀석이었지만 청벌은 벌 중에서도 가장 아름다운 벌이라고."

 젊은 왜코벌은 맞장구를 치며 청벌을 칭찬했습니다.

 "외모로 모든 것을 평가해서는 안 돼. 낯선 녀석

들을 조심해야 한단 말이야."

나이가 지긋한 꿀벌이 충고했지만 아무도 귀담아듣지 않았습니다.

청벌은 벌들의 마을에서 마음 놓고 편안하게 생활했습니다.

다른 벌들은 새끼를 낳기 위해 집을 다시 짓거나 구멍을 파기도 했습니다. 모두들 아기를 맞이하기 위해 바쁘게 일했지만 청벌들은 매일같이 빈둥빈둥 놀기만 했지요.

"청벌 씨, 새끼를 낳을 준비는 안 하나요? 애벌

레들이 먹을 먹이도 잡아 와야지요."
이웃에 사는 다른 벌들이 고개를 갸웃거리며 물었습니다.

"저는요, 몸단장하기도 너무 바빠서 아직 준비를 못 하고 있답니다. 하지만 걱정 마세요. 저는 그 누구보다 새끼를 잘 낳아서 건강하게 기를 자신이 있거든요."

청벌은 걱정하는 이웃들에게 큰소리를 쳤지요.

사실 청벌은 다른 벌들과는 달리 아주 게으름뱅이였답니다. 놀고먹는 곤충이었지요.

놀고먹는 곤충이란 남이 힘들게 구한 먹이나 남이 기르고 있는 애벌레에 알을 낳는 곤충을 말합니다. 남의 애벌레나 먹이에 알을 낳으면 알에서 깨어난 새끼가 그 애벌레나 먹이를 먹고 자라게 되지요.

어미는 아무것도 하는 일 없이 알만 낳으면 되니까 놀고먹는 곤충이라고 부르는 것입니다. 청벌이나 개미벌, 재니등에, 밑들이벌, 침파리 같은 것들이 대표적인 놀고먹는 곤충입니다.

어떤 뒤영벌은 자기 알을 꽃벌의 알과 바꿔치기 하고 꽃벌이 자기 애벌레를 키우게 하기도 합니다. 꿀벌처럼 부지런히 일하라는 말이 있긴 하지만

이렇게 벌 중에도 놀고먹는 벌들이 많답니다.

 청벌들은 다른 벌들이 알을 낳는 동안에도 여전히 빈둥거리고 있었습니다.

내 아름다움을 무엇에 비할까
에메랄드, 다이아몬드, 루비, 사파이어?
나는 날아다니는 보석
나는 벌 중에서 가장 아름다운 벌

어쩌면 이렇게 아름다울까

비단을 감은 듯, 화려한 스카프를 두른 듯

내 몸 전체가 화려한 장식이 되어 있다네

나는 벌 중에서 가장 화려한 벌

청벌은 거울을 보며 자신의 아름다움을 스스로 칭찬했지요.
"그래, 나같이 예쁜 벌이 뭐하러 힘들게 일을 해야 하지? 아름다운 청벌에게는 낑낑거리며 고생하는 것보다 품위 있게 노는 것이 더 어울린다고."
청벌은 늘어지게 낮잠을 잤습니다.
그 시간에 왜코벌은 모래 언덕에 구멍을 파서 집을 짓고 알을 낳았습니다.

"우리 새끼에게 줄 먹이를 구해 와야지."

부지런한 왜코벌은 열심히 꿀을

모아 집에다 저장해 두었습니다.

"나도 이제 슬슬 알을 낳아 볼까? 음, 누구의 집에다 새끼를 낳을까. 그래, 부지런한 왜코벌의 집이 좋겠다."

청벌은 왜코벌의 집으로 날아갔습니다. 마침 왜코벌이 집의 구멍을 열어 놓고 새끼에게 먹이를 주고 있었습니다.

"안녕하세요, 왜코벌 씨!"

"청벌 씨, 잘 지내고 있지요? 그런데 우리 집엔

웬일인가요?"

"그냥 집 구경을 하고 싶어서요. 집 안에 들어가도 될까요?"

청벌은 왜코벌의 허락을 받기도 전에 벌써 집 안으로 불쑥 들어갔습니다.

원래 왜코벌은 집을 비울 때 집 구멍을 막아 다른 곤충이 들어가지 못하게 문단속을 합니다. 그

리고 청벌은 왜코벌 집의 막힌 구멍을 뚫을 만큼 부지런하지 못하답니다. 그래서 뻔뻔스럽게도 왜코벌이 있을 때 즉, 구멍이 열려 있을 때 왜코벌의 집으로 들어가지요.

 청벌은 왜코벌보다 덩치는 작지만 왜코벌의 독침이나 힘을 두려워하지 않는답니다. 왜코벌은 청벌이 집으로 들어오는 것을 그냥 구경만 하거든요.

"어머, 아기가 참 예쁘네요."

청벌은 왜코벌의 애벌레를 칭찬하면서 몰래 알을 낳았습니다.

"그럼 다음에 또 봐요."

청벌은 왜코벌의 집에서 얼른 나왔습니다.

얼마 뒤면 알에서 깬 청벌의 새끼는 왜코벌이 저장해 둔 꿀을 먹고 잘 자랄 것입니다.

다음 해 봄에 왜코벌의 집 구멍을 파헤쳐 보면 다갈색 명주로 지은 고치가 있을 것입니다. 작은 컵에 평평한 뚜껑을 엎어 놓은 듯한 모양을 하고 있는 고치이지요. 이 고치의 굳은 껍질 속에는 왜코벌이 아니라 청벌이 들어 있을 것입니다.

왜코벌의 애벌레는 청벌의 애벌레에게 다 먹혀 버리고 껍질만 남게 되지요. 청벌은 이렇게 힘 안 들이고 남의 애벌레를 죽여서 자기 새끼를 키우는 무서운 벌이랍니다.

벌들의 마을에 있던 다른 청벌들도 마찬가지입니다.

그중 한 마리는 애호리병벌을 공격 대상으로 삼았습니다.

애호리병벌은 나뭇가지 위에다 지붕이 동그랗고 방이 많은 집을 짓습니다. 애호리병벌의 애벌레가 배추벌레를 다 먹고 고치를 만들고 나면 악당 같은 청벌이 나타납니다.

청벌은 눈에 보이지 않을 만큼 좁은 틈에 침 끝을 길게 늘여 밀어 넣습니다. 그러고는 애호리병벌의 집에 알을 낳지요.

 역시 다음 해 봄이 되면 애호리병벌의 집에서는 작은 컵 모양의 고치 속에서 청벌이 나옵니다.

 애호리병벌의 애벌레는 청벌 애벌레의 먹이가 되어 버리는 것입니다.

남의 집에 몰래 알을 낳은 청벌들은 기분이 좋아 산책을 했습니다. 그러다 꽃벌의 집을 찾고 있는 뽀족벌을 만났습니다.

"게으른 청벌들이구나. 벌써 다른 벌들의 집에 알을 낳은 모양이지?"

뽀족벌이 먼저 아는 체를 했습니다.

"게으르다니? 너도 우리처럼 놀고먹는 벌이잖아."

청벌들은 뽀족벌의 말에 벌컥 화를 냈습니다.

"난 너희 같은 청벌들과는 달라. 아무리 비슷한 곤충이라고 해도 말이야. 난 부지런하거든."

"치, 이왕 놀고먹을 거면 편히 살지. 미련하게 고생만 하면서."

청벌들은 뾰족벌을 놀리며 날아가 버렸습니다.

"난 부지런한 벌이야. 청벌들처럼 빈둥거리는 건 정말 싫다고."

뾰족벌은 오랜 시간 동안 찾아 헤맨 끝에 미장이꽃벌의 집을 겨우 찾을 수 있었습니다.

"미장이꽃벌이 집을 아주 튼튼하게 지어 놨구나. 하지만 난 이 집을 뚫을 수 있어."

뾰족벌은 미장이꽃벌의 집을 이리저리 살펴보았습니다. 틈 하나 없이 튼튼하게 막아 놓은 집이었습니다.

게다가 방마다 두꺼운 벽이 새끼들을 보호했고 담으로 칸막이가 되어 있었습니다.

먼저 뾰족벌은 바위만큼이나 단단한 벽에 구멍을 뚫었

습니다. 작은 모래알을 하나하나 집어내면서 계속해서 구멍을 팠습니다.

 몸이 겨우 들어갈 만한 구멍을 뚫으면 그곳에는 새로운 담이 나타납니다. 미장이꽃벌의 새끼들이 들어 있는 방의 담이지요.

 "어휴, 힘들어. 하지만 새끼를 위해서라면 이 정도 고생은 해야지.

미장이꽃벌도 자기 새끼들을 위해 이렇게 튼튼한 집을 지었는데 말이야."

뾰족벌은 방을 둘러싼 담을 물어뜯으며 구멍을 냅니다. 석회로 다져진 미장이꽃벌의 집은 시멘트보다도 더 단단하답니다.

그래서 뾰족벌의 주둥이로 구멍을 내는 일은 아주 힘들고 시간도 많이 걸립니다.

 이렇게 새끼들의 방에 구멍을 뚫고 나면 그다음에는 꿀이 들어 있는 꿀통 뚜껑에도 구멍을 뚫어야 합니다.

 간신히 구멍을 다 뚫은 뾰족벌은 미장이꽃벌의 알 옆에 자기 알을 낳습니다.

"아가야, 잘 자라거라. 다른 못된 녀석들이 너를 해치지 않도록, 엄마가 구멍을 꼭꼭 막아 놓을게."

뾰족벌은 낑낑거리며 자기가 뚫은 구멍을 다시 막습니다. 뾰족벌은 다진 흙을 사용해서, 미장이꽃벌의 솜씨 못지않게 벽의 구멍을 잘 막습니다. 구멍을 뚫었던 벌이라는 게 믿어지지 않을 정도로 멋지게 다시 집을 지어 놓지요.

물론 뾰족벌이 다시 바른 벽과 예전에 미장이꽃벌이 지었던 집은 흙 색깔이 달라 뚜렷이 구별된답니다.

"이제 다 됐구나. 정말 힘든 공사였어. 아가야, 부디 건강한 뾰족벌로 잘 자라렴. 우리가 비록 남의 신세를 지며 놀고먹는 곤충이긴 하지만 결코

게으름뱅이는 아니란다."

뾰족벌은 지친 몸을 이끌고 새로운 곳을 향해 날아올랐습니다.

파브르 할아버지와 손녀 루시는 힘겹게 날아가는 뾰족벌의 뒷모습을 오래오래 지켜보았습니다. 마지막 곤충 여행까지 무사히 마친 둘은 서로를 보며 뿌듯한 미소를 지었습니다. 언젠가 시작될 새로운 여행을 기대하며 파브르 할아버지와 손녀 루시는 길었던 곤충 여행을 마무리합니다.

청벌은 왜 못된 벌일까요?

 청벌은 멋쟁이입니다. 금속처럼 번쩍이는 청벌의 몸은 그 화려한 색깔이 너무 아름다워 곤충 중에서 최고라고 할 만합니다. 하지만 이렇게 아름다운 청벌은 사실 못된 벌입니다. 다른 벌들이 힘들게 집을 짓고 먹이를 구해서 알을 낳아 놓으면 그곳에 몰래 자기 알을 낳습니다. 이 알은 애벌레가 되어서, 다른 벌들이 준비해 놓은 먹이나 다른 벌들의 애벌레를 먹고 자라게 됩니다. 이처럼 다른 곤충이나 거미 따위의 몸

또는 애벌레에게 빌붙어 사는 벌을 통틀어 기생벌이라고 합니다. 기생벌에는, 곤충의 알에 빌붙어 사는 알기생벌과 곤충의 애벌레에 빌붙어 사는 유충기생벌이 있습니다. 하지만 기생벌 중에는 해충이나 해충의 알에 빌붙어서 그것들을 없애 주는 좋은 일을 하는 벌도 있습니다.

장 앙리 파브르 Jean Henri Fabre
일생을 바치다

　장 앙리 파브르는 평생을 곤충과 함께 살며 실험과 연구를 한 곤충학자입니다. 1823년 12월 남프랑스 레옹에서 가난한 농부의 아들로 태어났으며, 집안이 매우 어려워 네 살 때부터 할아버지 댁에 맡겨져 자랐습니다. 1839년 아비뇽 사범학교에 입학, 졸업 후에는 카루판트라스 초등학교 교사를 지냈으며, 1849년 코르시카 중학교의 물리 교사가 되었습니다. 이때 식물 채집을 하러 온 툴루즈 대학의 식물학자 탕드레 교수를 알게 되었고, 그 영향으로 생물학을 공부하게 되었습니다.

그 후, 곤충학자인 레옹 뒤푸르의 논문을 읽고 곤충의 생태 연구에 일생을 바치기로 결심했습니다. 1871년 학교를 그만둔 파브르는 어린이를 위한 과학 이야기를 썼으며, 1879년 '곤충기'를 쓰기 시작하여 30년 만인 1909년에 10권을 완성했습니다.

 《파브르 곤충기》는 세계 자연과학계에서 그 전례를 찾아 볼 수 없는 위대한 기록물로, 살아 있는 곤충에 대한 관찰과 실험, 연구를 통해 곤충의 세계를 관찰한 대기록입니다. 곤충이 어떻게 집을 짓고, 어떻게 새끼를 치고, 어떻게 살아가는지 등의 생태를 아주 상세하게 그리고 있습니다.

 이 작품은 1915년 파브르가 세상을 떠날 때까지 열정적으로 연구했던 신비로운 곤충의 세계를 통해, 컴퓨터 백과사전이 발달한 현대 사회에서도 여전히 우리에게 새로운 지식과

흥미의 세계를 열어 주고 있습니다.

   파브르 곤충기가 귀중한 것은 단순히 그것이 전해주는 정보와 지식 때문만은 아닙니다. 세상을 바라보는 발상의 전환, 창의적인 시선, 독창적인 세계관을 갖게 해 주는 파브르 곤충기는 어린이와 어른 모두가 평생을 곁에 두어야 할 자연과학의 클래식입니다.

여러분은 파브르와 함께 우리 주변의 흔한 곤충을 다시 새롭게 바라보고, 생물 관찰을 통한 깊이 있는 사고를 통해 자연의 의미를 되새기는 인문학적 교양을 넓힐 것입니다. 또한 생명에 대한 철학적이고도 비판적인 질문하기를 통해, 우리가 자연 속의 생명체와 더불어 숨 쉬고 있는 존재임을 깨닫게 되길 바랍니다.